8
LN27
40873

DISCOURS

PRONONCÉS

AU DIX-SEPTIÈME BANQUET

DE LA

CONFÉRENCE SCIENTIA

OFFERT

A M. JANSSEN

DE L'INSTITUT

DISCOURS

PRONONCÉS

AU DIX-SEPTIÈME BANQUET

DE LA

CONFÉRENCE SCIENTIA

OFFERT

A M. JANSSEN

DE L'INSTITUT

DISCOURS DE M. G. TISSANDIER

Mon cher maitre,

Mes collègues, en me confiant le soin de vous porter un toast, m'ont donné une tâche semée d'obstacles, car ce n'est pas en quelques paroles que l'on peut résumer les résultats de quarante années d'un labeur ininterrompu, l'histoire de vingt missions dans tous les pays, sous toutes les latitudes, et l'importance d'une multitude de découvertes, dont quelques-unes absolument éclatantes.

Il faut sans cesse courir à travers le monde pour vous suivre dans vos travaux. Dès les débuts de votre belle carrière, en 1857, vous êtes chargé d'une mission en Amérique pour la détermination de l'Équateur magnétique.

En 1862, on vous trouve à Rome, à l'Observatoire du Collège romain. En analysant la lumière d'α d'Orion, vous y avez reconnu le sodium : c'est la première fois qu'un métal a été trouvé dans une étoile.

En 1866, installé à Paris, à l'usine à gaz de la Ville, où l'on avait pu mettre à votre disposition le maté[riel] de tuyaux nécessaires pour vos études spectrales, v[ous] découvrez le spectre de la vapeur d'eau qui est la b[ase] de l'analyse planétaire. C'est cette méthode qui a p[er]mis de reconnaître la vapeur d'eau dans l'atmosph[ère] de Mars.

En 1868, à Guntoor, au centre de l'Inde, vous déco[u]vrez, en même temps que la nature des protubéranc[es] solaires, une méthode pour les étudier en tout temp[s].

En 1870, le 22 décembre, il allait y avoir une éclip[se] à observer en Algérie; les Anglais préparaient une mi[s]sion, il fallait pour notre honneur scientifique que [la] France fût représentée; mais Paris était investi. L[es] astronomes anglais se proposaient bien de demande[r] à l'état-major allemand un sauf-conduit à votre usage mais il vous semblait indigne de votre mission, de rien devoir à un ennemi qui se montra toujours implacabl[e] et sans générosité, et l'on put bientôt vous voir passe[r] les lignes d'investissement en ballon, avec quatre caisses d'instruments dans la nacelle du *Volta*, ayant comme compagnon un brave marin, auquel vous aviez à donner au-dessus des nuages des leçons d'aéronautique. C'est une belle action, mon cher maître.

En 1871, on vous retrouve encore en Asie, à Shoolor, pour l'éclipse de décembre; vous découvrez une nouvelle et dernière enveloppe gazeuse du Soleil, *l'atmosphère coronale*, au-dessus des protubérances.

En 1874, vous êtes au Japon pour le passage de Vénus, vous revenez par la Chine et par Siam pour observer une éclipse de soleil.

En 1876, vous fondez l'Observatoire de Meudon, où, pendant des années, l'exécution de vos grandes et ad-

...irables photographies solaires vous conduit à la ...couverte du *réseau photosphérique*.

En 1883, vous vous rendez à la surface d'un îlot de ...rail perdu dans l'immensité de l'océan Pacifique, à la ...te d'une mission chargée de l'observation de l'éclipse ...u 6 mai. Vous revenez par Tahiti et Hawaï. En pas...ant devant les îles Sandwich, vous apercevez des fu...nées qui s'échappent du célèbre volcan Kilauéa, le ...lus vaste qui soit au monde ; un tel phénomène ne ...ouvait passer inaperçu d'un observateur tel que ...ous.

M. Janssen, messieurs et chers confrères, va visiter le cratère du Kilauéa, gouffre géant qui n'a pas moins de 8 ou 10 kilomètres de diamètre. Il veut y descendre pour en étudier la constitution, et, là, il découvre un autre petit cratère en éruption. L'explorateur, voulant observer les flots de lave qui crevaient à ses pieds et la nature des éruptions gazeuses qui se formaient sous ses yeux, eut le courage de passer là toute la nuit en observation.

Savez-vous, messieurs, ce qu'étaient devenus pendant ce temps les guides de M. Janssen ? Ils l'avaient laissé tout seul au bord du cratère, parce qu'ils craignaient d'être asphyxiés par les torrents de gaz acide sulfureux que vomissait le gouffre ; c'est seulement le lendemain matin qu'ils daignèrent aller chercher l'observateur.

Est-ce tout, messieurs ? Pas encore. L'année suivante, en 1884, nous retrouvons M. Janssen aux États-Unis ; il a été choisi pour représenter la France à Washington au Congrès du méridien et de l'heure universelle.

Voilà, mes chers confrères, le savant qui a bien voulu s'asseoir à notre place d'honneur. Cette énumé-

ration succincte de ses travaux, si incomplète q
soit, suffit pour montrer qu'il y a en lui, tout à la
le philosophe doublé de l'astronome et du natura
l'explorateur toujours en quête de découvertes
velles et le patriote qui n'oublie jamais d'unir ense
ces deux drapeaux : celui de la science et celui de
pays.

Aujourd'hui, M. Janssen, non content de ses victo
passées, entreprend encore d'autres campagnes. C
voit s'élancer au sommet du mont Blanc pour y fo
l'Observatoire le plus élevé du monde. Son ambi
est de couronner la conquête scientifique du géant
Alpes et de compléter cette œuvre pleine de périls
compte tant d'efforts d'énergie et de dévouement,
puis Jacques Balmat et de Saussure jusqu'à notre sy
pathique confrère M. Vallot.

Mon cher maître, il semblerait que la surface t
restre n'est pas assez grande pour votre ardeur ; vo
aspirez sans cesse au plus loin et surtout au plus ha
vous êtes l'homme des hautes cimes, et quand vous
rivez au sommet des montagnes, vous voulez mont
plus haut encore. Par la pensée, vous vous élevez jusq
dans le ciel ; armé de votre spectroscope, vous analys
le rayon des astres et vous dévoilez quelques-uns d
mystères de la constitution des mondes.

DISCOURS DE M. JANSSEN

Mon cher Président,
Messieurs,

Je suis extrêmement fier de l'honneur que la *Scientia* veut bien me faire aujourd'hui, et je suis particulièrement touché de ce qu'elle vous a choisi pour m'adresser la parole en son nom. Elle a compris qu'en empruntant la voix de l'amitié pour être son organe, elle doublait pour moi le prix de l'honneur qu'elle me décernait. Vous avez dépassé son attente, et la bienveillance avec laquelle vous avez rappelé mes travaux, si elle m'a été au cœur, ne m'aveugle pas cependant sur la part trop grande que je dois à votre vive et constante amitié. Ce que je veux retenir, c'est seulement ce que vous accepteriez pour vous-même, s'il était question de vos travaux : c'est-à-dire un dévouement complet et désintéressé pour la science, un amour sans limites pour la France.

Oui, mon cher président, la France connaît votre patriotisme, et quand tout à l'heure vous vouliez bien

rappeler cette sortie du *Volta* pendant le siège, t[o]
monde ici vous a répondu par la part si gran[de]
belle, si patriotique que vous et votre frère avez [prise]
à la défense nationale. Vos sorties de Paris assiégé[,]
efforts réitérés pour y rentrer par la voie des airs,
services à l'armée de la Loire, services si appréci[és de]
l'héroïque soldat qui luttait encore pour sauver l'[hon]
neur de la France, qu'il vous avait voué une a[mitié]
dont la source était sûrement une haute estime p[our]
votre science et une vive admiration pour votre pa[trio]
tique dévouement.

Plus tard, vous avez réalisé une des premières et [des]
plus importantes contributions au grand problème [de]
la direction des ballons par votre emploi de l'élec[tri]
cité comme agent moteur de l'appareil aérien, et v[ous]
avez prouvé l'efficacité de vos ingénieuses dispositio[ns]
par un voyage dont les résultats n'ont peut-être pas [été]
assez remarqués.

Si j'avais à rappeler tous vos titres à la reconnai[s]
sance de la science aéronautique, je devrais parler e[n]
core de cette ascension célèbre vers les hautes régio[ns]
de notre atmosphère, ascension qui s'est termin[ée]
d'une manière si tragique, et où vous avez été si mir[a]
culeusement épargné. Plus tard, n'en doutons pas, [la]
science pourra conjurer les terribles dangers de ce[s]
hautes ascensions qui n'ont pas fait reculer votre hé[-]
roïsme.

Quand ce grand problème aura été résolu, quand o[n]
saura se servir de ces hautes régions pour éclairer
d'importantes parties de la physique du globe et d[e]
celle de l'atmosphère, on n'oubliera pas que c'est vou[s]
qui en avez montré la route.

Mais je m'arrête, ne voulant pas renverser les rôles

oublier qu'aujourd'hui je suis votre hôte et que vous me faites les honneurs de la maison.

Cette maison, mon cher président, donne une hospitalité justement enviée, j'ai répété souvent que ces réunions de la *Scientia* avaient une très heureuse influence scientifique et morale, et qu'on ne saurait assez louer et remercier les fondateurs de leur excellente idée et des soins donnés à sa réalisation et à sa continuation.

En effet, quelle plus douce récompense, quelle manifestation allant plus au cœur d'un homme d'études que ces marques de sympathie et d'estime données par nos pairs, par ceux qui suivent la même carrière, se livrent aux mêmes études, connaissent les mêmes joies et les mêmes amertumes, et sont dès lors les juges les plus autorisés et les plus irrécusables pour apprécier nos travaux et les actes de notre vie ? Ces suffrages-là, messieurs, sont les plus incontestables, et dans une réputation, dans une renommée, ils forment la partie la plus solide et la plus durable.

C'est une monnaie qui, si elle n'est pas formée d'un métal brillant et retentissant, n'en est que plus solide, rare et précieuse. Aussi, messieurs, je me persuade que, après notre mort, quand il s'agira de traverser le fleuve d'oubli et de fléchir le nautonnier qui tient la barque conduisant aux rives du pays de mémoire, c'est avec cette monnaie-là seule qu'on obtiendra le passage.

Mais il y a plus, messieurs, je dis que si ces réunions constituent une récompense enviée pour ceux qui en sont l'objet, elles sont non moins utiles pour les exemples qu'elles donnent et les enseignements qui en résultent.

Chacun des hommes que vous avez honorés ici a

donné une leçon morale et un exemple particuli[er à] notre jeunesse savante. Il suffit de parcourir la list[e de] vos élus pour s'en convaincre.

Tout d'abord, avec le vénérable Chevreul, ne voy[ons-] nous pas combien une vie si longue, mais tout ent[ière] consacrée à la science, s'est honorée et a gagné en [vé]ritable grandeur, en prenant la science pour but uni[que] et dédaignant tout le reste ?

Le grand Pasteur ne nous montre-t-il pas que le [gé]nie lui-même a besoin d'être soutenu par une métho[de] de travail exigeante et sévère, qui ne permet pas [de] s'arrêter aux premiers résultats, mais qui oblige à [se] faire à soi-même les plus incessantes objections, e[t à] poursuivre les travaux et les expériences jusqu'à ce q[ue] la vérité éclate aux yeux, sans doute possible ?

Voilà la méthode que M. Pasteur offre en exemple [à] tous ceux qui veulent donner d'inébranlables fond[e]ments à leurs travaux.

Aussi, aujourd'hui, ce maître peut-il déjà jouir d[u] jugement de la postérité.

Ses découvertes font partie de la science même, ell[es] reçoivent chaque jour leurs développements régulie[rs] et la révolution qu'elles contenaient s'accomplit sou[s] nos yeux et dépasse en grandeur tout ce qu'on pouvai[t] espérer.

M. Léon Say nous montre à quelle grande situatio[n] on peut parvenir, et quels grands services on peut ren dre à son pays quand on sait mettre à son service u[n] esprit supérieur, un savoir économique consommé, un[e] grande fortune.

Avec M. de Lesseps, nous apprenons que les plus hautes fortunes peuvent avoir des retours cruels, mais nous pouvons espérer aussi que les voiles momentanés e dissiperont, et que, quoi qu'il arrive, la postérité plus calme et plus juste, n'oubliera pas Suez et gardera au nom de de Lesseps, la reconnaissance qui lui est due.

Avec les généraux de Nansouty et Périer, vous avez montré combien l'armée ajoute à la sympathie et à la reconnaissance que nous avons toujours pour elle, quand elle met son courage ou sa science au service d'œuvres scientifiques et nationales.

Ç'a été une belle soirée que celle où M. Renan complimentait ici, en votre nom, M. Berthelot.

Deux grandes illustrations unies par l'amitié, deux gloires égales, mais de caractères bien différents. Une science aussi étendue que profonde revêt, chez l'un, les formes d'un langage plein de séductions et de poésie ; chez l'autre, l'expression sévère de la logique des faits, rigoureusement observés ; l'un, en sondant les grands mystères et en nous montrant les faces diverses des problèmes de l'âme et de ses destinées, ne peut que nous laisser dans le doute, mais c'est un doute transcendant et qu'il sait rendre plein de charmes ; l'autre nous enferme dans le cercle que la science peut éclairer de ses certitudes : entre ces deux grands esprits, entre ces deux synthèses aussi différentes que les points de vue qui les ont engendrés, gardons-nous de prendre parti ; et sans les vouloir juger, jouissons de ces grandes manifestations du savoir et de la pensée humaine.

C'est moi que vous avez bien voulu charger de présider le dîner que vous offriez à M. Savorgnan de Brazza, dîner qui eut lieu le jour même de cette mémorable séance au cirque d'Hiver où, on peut le dire, la France acclamait les magnifiques succès du grand voyageur. Ces succès, qui nous valurent une contrée plus grande que la France, étaient dus, comme vous le

savez, plus encore à la prudence, à l'esprit politiq[ue]
voyageur qu'à son admirable énergie, et c'est [la]
grande leçon que M. de Brazza a donnée aux exp[lora]-
teurs futurs.

MM. Richet et Verneuil nous ont donné, avec l'ex[em]-
ple d'un grand talent professionnel, éclairé par [la]
haute science, de beaux travaux, de longs services [ren]-
dus, celui non moins rare et touchant de deux célé[bri]-
tés suivant la même carrière et unis d'une sincère a[mi]-
tié ; en sorte que vous avez pensé ne pouvoir être p[lus]
agréables à l'un d'eux, l'éminent doyen, qu'en ch[ar]-
geant son ami de le complimenter.

Pour rendre hommage à la géologie, vous avez ch[oisi]
M. Daubrée, que de beaux travaux de synthèse et d'ér[udi]-
nents et longs services ont placé à la tête de la géolo[gie]
française.

Il avait le vif plaisir d'avoir en face de lui M. Fried[el]
son ancien élève, qui est devenu un grand chimist[e]
mais qui a toujours été grand par le cœur et la nobles[se]
des sentiments.

M. de Lacaze-Duthiers nous montre combien un s[a]-
vant, quelle que soit l'importance de ses travaux et d[e]
ses découvertes, peut ajouter aux services rendus à l[a]
science par d'heureuses initiatives. Les magnifique[s]
créations de laboratoires de zoologie sur les côtes d[e]
l'Océan et de la Méditerranée seront, pour la science,
la source de progrès dont il est impossible de mesurer
l'importance et, pour nos jeunes zoologistes, d'admi-
rables instruments de travail.

Vous ne pouviez oublier notre grande Exposition de
1889, qui a jeté tant d'éclat, et pour la représenter, vous
avez choisi M. Berger, son habile et infatigable orga-
nisateur. C'est encore à l'occasion de cette mémorable

position que vous avez voulu donner un témoignage de reconnaissance à celui qui avait contribué, peut-être plus que tout autre, à l'illustrer.

C'est moi qui ai eu l'honneur de féliciter en votre nom le grand ingénieur dont l'œuvre générale fait tant d'honneur au génie civil français.

Depuis, M. Eiffel a voulu que la science pure soit aussi sa créancière. Les installations scientifiques à la Tour, les travaux de sondage au mont Blanc sont dus à sa généreuse intervention, la science ne l'oubliera pas.

M. Jules Simon a reçu aussi vos hommages. La *Scientia* pouvait venir après tant d'autres lui témoigner son admiration et ses respects. Elle s'honorait elle-même. Et puisque nous parlons d'exemples à donner, vous ne pouviez en offrir un plus éloquent et plus considérable à notre jeunesse savante.

Le nom de Darwin a reçu aussi les honneurs de la *Scientia*. Ce nom rappelle une des plus hardies solutions du grand problème de la genèse et de la succession des êtres à la surface de notre globe. Mais, quelle que soit l'opinion qu'on porte sur la solution proposée, on ne peut s'empêcher d'admirer la science profonde, la bonne foi et la sincérité qui ont toujours présidé chez le grand naturaliste à l'exposé de ses doctrines et à ses discussions avec ses adversaires. C'est encore là un enseignement.

Votre dernier hommage a été offert à M. de Quatrefages. La belle et longue carrière de ce grand naturaliste nous offre encore plus d'un bel enseignement.

Nous savons tous ce que le nom de Quatrefages éveille d'idées de science étendue et de profonde sagacité, de hauteur philosophique dans les jugements des questions

et des systèmes. Nous savons aussi quels modèles
bienveillance et de courtoisie il nous offre. Mais il
encore un point qu'il faut mettre en évidence, c'es
salutaire exemple qu'il donne à nos jeunes savants
leur montrant combien de fortes études littéraires
une instruction scientifique très solide et très étend
sont nécessaires à celui qui veut devenir un sav
dans la haute acception que ce mot devrait toujo
comporter.

Voilà les grands exemples et les salutaires excit
tions que donne la *Scientia*. Avais-je tort de dire que s
promoteurs sont créanciers de la science?

Messieurs, je bois à la *Scientia*, je bois à ceux q
m'ont précédé à cette place; je bois surtout à ceux q
m'y suivront, où beaucoup ici sont déjà dignes de s'a
seoir et que, pour ma part, je serai si heureux de fête
à mon tour.

Paris. — MAY & MOTTEROZ, L.-Imp. réunies
7, rue Saint-Benoît.

www.ingramcontent.com/pod-product-compliance
Lightning Source LLC
Chambersburg PA
CBHW060556050426
42451CB000118/1936